Alma Flor Ada · F. Isabel Campoy

Uno, dos, tres. ¡Dime quién es!

ILUSTRACIONES DE

Vivi Escrivá

ALFAGUARA
INFANTIL

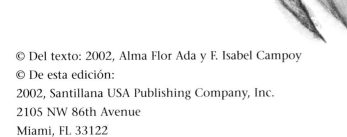

2002, Santillana USA Publishing Company, Inc.
2105 NW 86th Avenue
Miami, FL 33122

Alfaguara es un sello editorial del **Grupo Santillana**.
Éstas son sus sedes:
ARGENTINA, BOLIVIA, CHILE, COLOMBIA, COSTA RICA, ECUADOR, EL SALVADOR,
ESPAÑA, ESTADOS UNIDOS, GUATEMALA, MÉXICO, PANAMÁ, PERÚ, PUERTO RICO,
REPÚBLICA DOMINICANA, URUGUAY y VENEZUELA.

ISBN: 1-58105-810-1

Lengua A: *Uno, dos, tres. ¡Dime quién es!*

Dirección editorial: Norman Duarte
Revisión de texto: Jesús Vega

Dirección de arte: Felipe Dávalos
Diseño: Petra Ediciones

Ilustración de cubierta: Vivi Escrivá

Impreso en Colombia por Panamericana Formas e Impresos S.A.

10 09 08 07 06 05 04 03 02 01   1 2 3 4 5 6 7 8 9 10

Para Viena Rosa Vance, que estos
personajes sean siempre tus amigos.
AFA

Para nuestros alumnos de "Autores
en la clase", animándoles al diálogo con
estos personajes y agradeciendo su
encuentro con la voz propia.
FIC-AFA

¿Quién soy?

*R*ojo es el fuego,
roja es la flor,
roja es la capa
que llevo yo.

¿Qué más sabes de mí?

Vivo con mi mamá.
Quiero mucho a mi abuelita.
Me gusta visitarla.
¿Sabes a quién encontré
en el bosque cuando iba a visitar
a mi abuelita?

Caperucita Roja

*T*engo siete años.
Me gusta mucho el color rojo.
Mi abuelita me regaló una capa roja.
Por eso me llaman Caperucita Roja.
Quiero mucho a mi abuelita.
Ella me enseña el nombre de los pájaros.
Y me ayuda a sembrar flores en su jardín.

CAPERUCITA ROJA

¿Quién soy?

Tres platos de sopa,
tres sillas, tres camas,
en una casita
con muchas ventanas.

¿Qué más sabes de mí?

Vivo con mi mamá
y mi papá.
Nuestra casa está en
medio del bosque.
Me gusta que vengan
a visitarme.
¿Sabes quién vino a mi
casa un día y se quedó
dormida en mi cama?

Osito

Tengo seis años.
No tengo hermanitos.
Mi mamá es cariñosa.
Mi papá es divertido.
Me gusta tener amiguitos para jugar.
Mi mejor amiga se llama Ricitos de Oro.

OSITO

¿Quién soy?

Cuando encuentro
un diente
bajo la almohada,
le dejo una moneda
a la desdentada.

¿Qué más sabes de mí?

Mi trabajo es divertido.
Si una niña o un niño
pone un dientecito
bajo la almohada,
yo lo recojo.
Le dejo una monedita
redonda y brillante.
¿Sabes qué me gusta
comer?

Ratoncito Pérez

Ayer por la tarde
conocí a una cucarachita
encantadora.
Se llama Martina.
Es alegre y simpática,
inteligente y generosa.
Creo que vamos a ser
muy buenos amigos.

RATONCITO PÉREZ

¿Quién soy?

*T*engo seis hermanitos
y una casa nueva.
Nos libra del lobo
una mamá buena.

¿Qué más sabes de mí?

Tengo seis hermanitos.
Vivimos con nuestra mamá.
Tenemos una casa nueva.
Somos muy obedientes...
casi siempre.
¿Sabes quién vino a
casa cuando Mamá
no estaba?

Cabrita Primera

Somos siete hermanitos.
Nuestra mamá nos
quiere mucho
y nos da buenos consejos.
Nos dice: "No le abran
la puerta a nadie".
Sabemos que el lobo
nos quiere comer.
No lo vamos a dejar.

CABRITA PRIMERA

¿Quién soy?

*S*oplo, resoplo
y vuelvo a soplar,
pero esta casita
no logro tumbar.

¿Qué más sabes de mí?

Vivo en el bosque.
Soy grande, fuerte y listo.
Creo que los cerditos son bobos.
Creo que los cabritos son tontos.
Pero no logro cazar a ninguno.
¿Sabes por qué?

Lobo Feroz

Vivo en el bosque.
Unos me llaman malo,
otros, feo, y otros, feroz.
Me gusta asustar.
Hago grandes planes
para engañarlos a todos.
Mis planes no siempre salen bien.
¿Sabes cuál es mi plan
para engañar a los cabritos?

LOBO FEROZ

¿Quién soy?

*H*uevos de Pascua
me traen mis hijitos:
ocho huevos grandes
y ocho bien chiquitos.

¿Qué más sabes de mí?

Tengo ocho conejitos,
me quieren mucho
y me ayudan siempre.
Recogemos huevos
para la Pascua florida.
Los pintamos de mil colores.

Mamá Coneja

*T*engo ocho hijitos preciosos.
Se llaman:
Bigotes Largos
Pativeloz
Blanquita
Manchado
Lomosedoso
Orejilarga
Rabicorto
y Saltarina.
Me dieron entre todos
una gran sorpresa.
¡Cuánto los quiero!

MAMÁ CONEJA

¿Quiénes somos?

Vuela la paja,
vuelan los palos,
vuelan las casas
de dos hermanos.

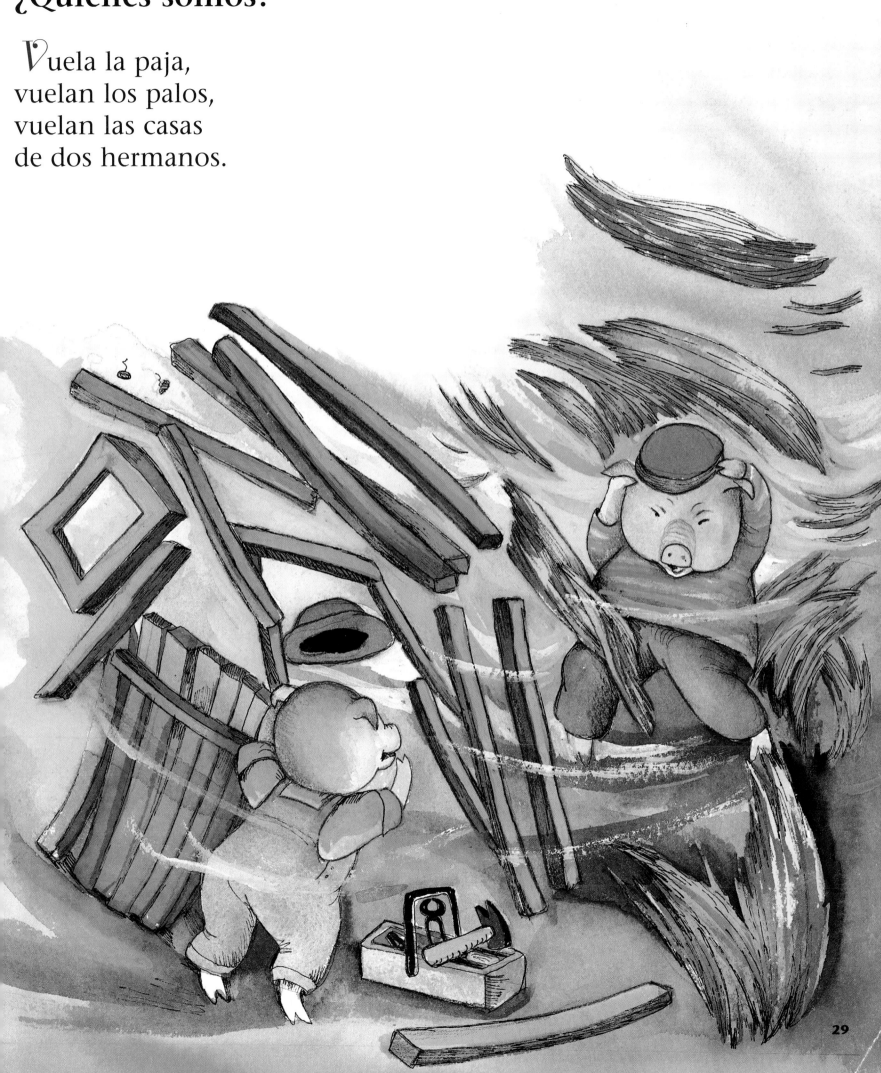

¿Qué más sabes de nosotros?

$\mathcal{F}$abricamos nuestras casitas.
Una de paja.
Ya no existe.
Una de madera.
Ya no existe.
¿Sabes qué les pasó?

Los tres cerditos

Somos tres hermanitos:
Cipriano, Ceferino y Celestina.
Cipriano es el mayor.
Se hizo una casa de paja.
Ceferino es el mediano.
Se hizo una casa de madera.
Yo soy Celestina, la menor.
Hice mi casita de ladrillos y cemento,
con muchas ventanas y una chimenea.
Una casa para mí y mis hermanos.
Una casa a prueba de lobos.

CERDITA CELESTINA